Margret Rettich's

LESEBILDERBUCH

Up and Down in the Street

gondolino

 These are Jens and Kati.

They live in this  .

Many other  are in front of it, next to it and behind it.

In between innumberable , 

and  drive around. It is noisy and exciting where Jens and Kati live.

SUPER

This is Aunt Else. She lives elsewhere, far away. Aunt Else's  stands all alone. No , no  and no  pass by. Sometimes a  passes by.

Jens and Kati like Aunt Else's place.

Aunt Else does not like Jens' and

Kati's place. But once she goes

there.

She wants to buy new  .

Jens and Kati know where she can

buy beautiful new  .

„But it is quite far away,“ Jens says.

„We go by  ,“ Kati says.

Aunt Else waves her hand to stop a

 . But the  don’t stop.

They all pass by. „The  stops

at the 

,“ Kati says.

The 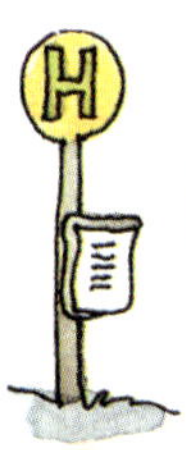 is across the street. Aunt Else wants to cross the street in the midst of  and  .

„Stop, not here! You will be run over here!“ Jens and Kati shout. They go with Aunt Else to the large white 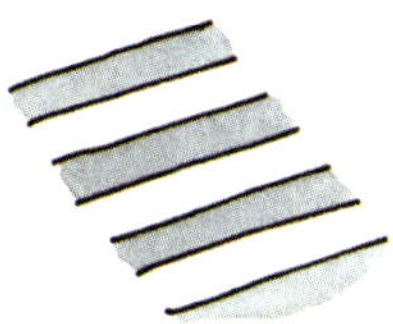 .

Jens says: „Here we can cross the street. The 

must all stop here.“ And indeed, they stop. „That is nice,“ Aunt Else says.

Now they are at the  and wait.

Finally the  comes and stops.

Aunt Else gets in and sits down.

„Let's go," she says to the  .

„First you must pay," he says. Jens and Kati get some  from Aunt Else. They buy the  and put them into the . It clicks three times.

Now the  drives off.

Aunt Else, Jens and Kati sit in the  and look out. When the  is red, the  stops. When the  is green, it goes on. The  stops at every . Some  get off and other  get in. „We must get off here!“ Jens and Kati suddenly shout.

Aunt Else wants to open the 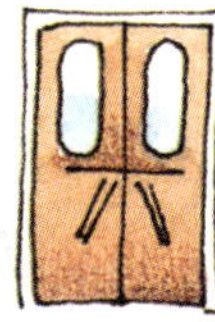 .

„That is not possible, the 

is still moving,“ Kati says. When it

stops, Jens presses a  . Then the

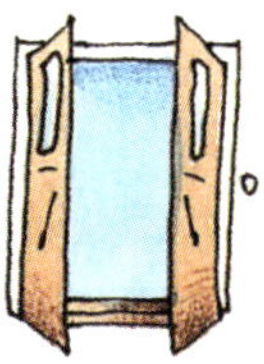 opens and they can get off.

„Well, where are the  ?“ Aunt Else asks. „Just across the street,“ Jens and Kati say. „And how do we get there?“ Aunt Else asks.

Because there are no white 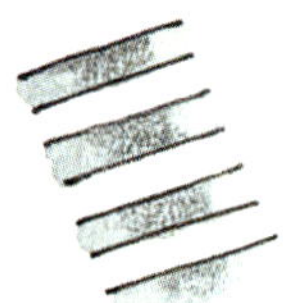 to make the  stop. From the left and from the right , 

and  drive past.

„Come along, Aunt Else,“ Jens and

Kati say. A bit farther down, there are

some  waiting. „What are they

waiting for?“ Aunt Else asks. Kati

says: „They are waiting for the  to

turn green.“ Now the  is red and

looks like that: 

Then the  turns green and looks

like that: 

All the ,  and 

stop. The  walk off and Jens,

Kati and Aunt Else also.

And now there are many new

 . Jens and Kati watch

Aunt Else trying on the  .

Aunt Else does not like them because

they pinch. Only Aunt Else’s old 

don’t pinch. Aunt Else does not want

to buy any new 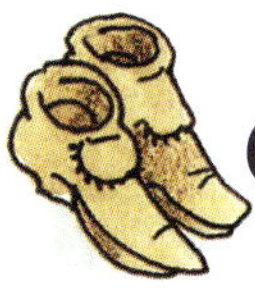 any more. She

says: „We’d rather eat some  .“

Jens and Kati know where to buy

good  . They must go straight on,

then turn left and then turn right.

It is across the street. But there are

no  and no white  to stop

the  . Aunt Else wants to

cross straight away. Kati says:

„Stop, first you must look to the left

to see if the street is clear.“

Jens says: „Then you must look to the right to see if the street is clear. You must wait until everything is clear. Then you can cross.“

Aunt Else does as Jens and Kati tell her to do. First she looks to the left and then she looks to the right.

When everything is clear, she starts

off. She is almost on the other side

when she stops. She is searching

her 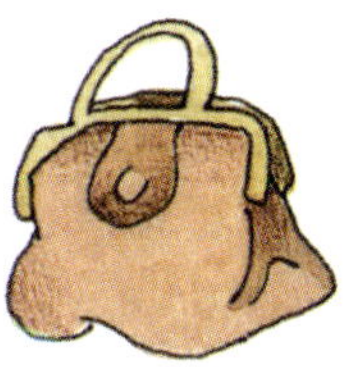 for some  for the

 .

Suddenly a

approaches. The  brakes,

hoots and shouts. Quickly, Jens and

Kati pull Aunt Else away. „You must

never stop in the middle

of the 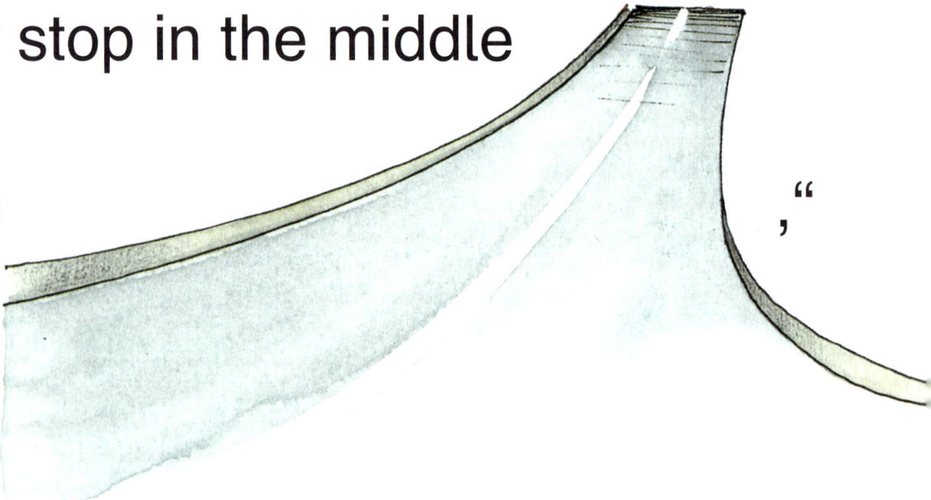 ,“

they say.

Eis
Eis
Eis
Eis
Eis
Eis
GF-CT 980

Jens, Kati and Aunt Else sit in the

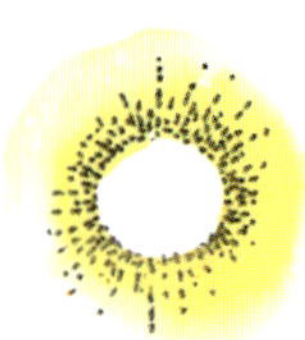 eating their  .

When they want to get up to leave,

Aunt Else's old  also pinch.

Jens and Kati know other places to

buy  . But Aunt Else is shat-

tered. She wants to go back to her

 ,

where everything is calm and not

so noisy and exciting as it is here.

BAHNHOF
P
H
POST

When Aunt Else leaves, Kati tells

Jens: „It is only exciting for Aunt

Else. We know all about this place.“

Hier sind die Wörter zu den Bildern:

Here are Jens, Kati and Aunt Else.

Haus
house

Bus
bus

Lastwagen
truck

Auto
car

Kuh
cow

Schuhe
shoes

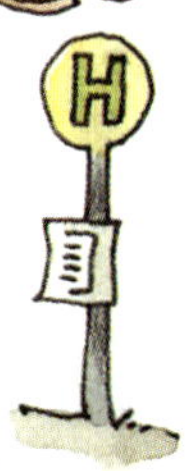

Haltestelle
bus stop

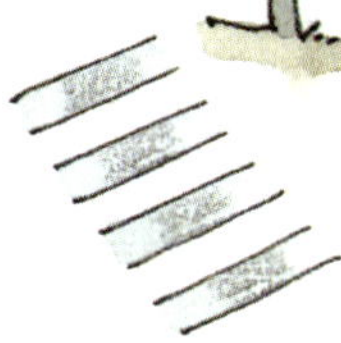

Zebrastreifen
zebra crossing

Busfahrer
bus driver

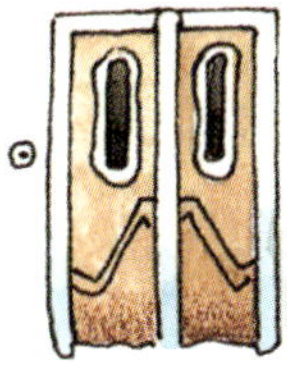

Tür
door

Geld
money

Knopf
button

Fahrschein
ticket

Eis
ice-cream

Automat
automaton

Handtasche
handbag

Ampel
traffic light

Autofahrer
driver

Leute
people

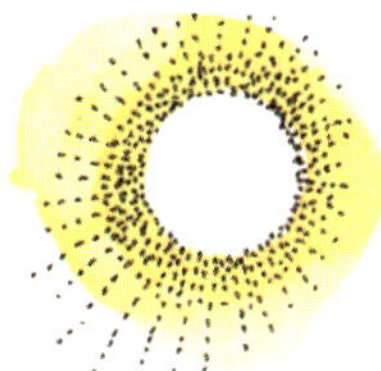

Sonne
sun

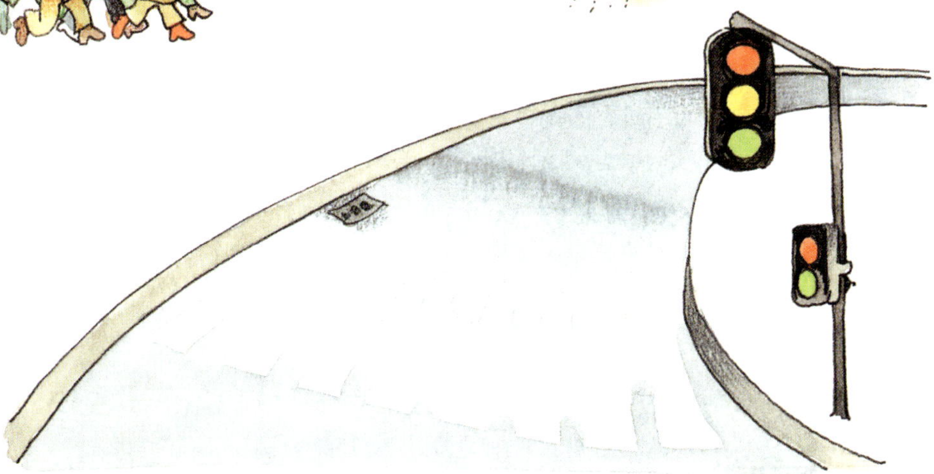

Straße
street

Übersetzung

Seite 2: Das sind Jens und Kati. In diesem Haus wohnen sie. Davor, daneben und dahinter stehen viele andere Häuser. Dazwischen fahren unzählig viele Busse und Lastwagen und Autos herum. Es ist laut und aufregend, wo Jens und Kati wohnen.

Seite 5: Das ist Tante Else. Sie wohnt woanders, weit weg. Das Haus von Tante Else steht ganz allein da. Hier kommt kein Auto, kein Bus und kein Lastwagen vorbei. Höchstens mal eine Kuh.

Seite 6: Jens und Kati sind gern bei Tante Else. Tante Else kommt nicht gern dorthin, wo Jens und Kati wohnen. Einmal kommt sie doch.

Seite 7: Sie will sich nämlich neue Schuhe kaufen. Jens und Kati wissen, wo es schöne neue Schuhe gibt. „Es ist aber ziemlich weit“, sagt Jens. „Wir fahren mit dem Bus“, sagt Kati. Tante Else winkt, damit ein Bus anhält. Aber die Busse halten nicht an. Alle fahren vorbei. „Der Bus hält an der Haltestelle“, sagt Kati.

Seite 8: Die Haltestelle ist gegenüber. Tante Else will hinlaufen, mitten zwischen Autos und Lastwagen hindurch.

Seite 9: „Halt, nicht hier! Hier wirst du überfahren!“, rufen Jens und Kati. Sie gehen mit Tante Else zu dem großen, weißen Zebrastreifen. Jens sagt: „Hier können wir rüber. Hier müssen die Autos für uns anhalten.“ Und wirklich, sie halten an. „Das ist nett“, sagt Tante Else.

Seite 10: Nun stehen sie an der Haltestelle und warten. Endlich kommt der Bus und hält an. Tante Else steigt ein und setzt sich hin. „Es kann losgehen“, sagt sie zum Busfahrer.

Seite 11: „Erst bezahlen“, sagt er. Jens und Kati bekommen Geld von Tante Else. Sie kaufen Fahrscheine und stecken sie in den

Automaten. Es macht dreimal „klick“. Jetzt fährt der Bus los.

Seite 12: Tante Else, Jens und Kati sitzen im Bus und gucken raus. Wenn die Ampel rot ist, bleibt der Bus stehen. Wenn die Ampel grün ist, fährt er weiter. An jeder Haltestelle hält der Bus an. Dann steigen Leute aus und andere Leute steigen ein. „Hier müssen wir aussteigen!“, rufen Jens und Kati plötzlich.

Seite 13: Tante Else will die Tür aufmachen. „Das geht nicht, weil der Bus noch fährt“, sagt Kati. Als er hält, drückt Jens auf einen Knopf. Da geht die Tür auf und sie können raus.

Seite 14: „Wo gibt es denn nun Schuhe?“, fragt Tante Else. „Gleich gegenüber“, sagen Jens und Kati. „Und wie kommen wir dorthin?“, fragt Tante Else. Es gibt nämlich keine weißen Streifen, vor denen die Autos anhalten. Von links und rechts brausen die Autos, die Lastwagen und die Busse vorbei.

Seite 15: „Komm mit, Tante Else“, sagen Jens und Kati. Ein bisschen weiter stehen Leute und warten. „Worauf warten sie?“, fragt Tante Else. Kati sagt: „Dass die Ampel grün wird.“ Jetzt ist die Ampel rot und sieht so aus:
Dann wird die Ampel grün und sieht so aus:

Seite 16: Alle Autos und Lastwagen und Busse halten an. Die Leute laufen los, auch Jens, Kati und Tante Else.

Seite 17: Nun sind sie dort, wo es viele neue Schuhe gibt. Jens und Kati gucken zu, wie Tante Else die Schuhe anprobiert. Sie gefallen Tante Else nicht, weil sie drücken. Nur die alten Schuhe von Tante Else drücken nicht. Tante Else mag keine neuen Schuhe mehr kaufen. Sie sagt: „Wir gehen lieber Eis essen.“

Seite 18: Jens und Kati wissen, wo es gutes Eis gibt. Sie müssen geradeaus, dann links, dann rechts gehen. Gegenüber ist es. Aber hier sind keine Ampeln und keine weißen Streifen, vor denen die Autos anhalten. Tante Else will gleich wieder los. Kati sagt:

„Halt, du musst erst nach links gucken, ob da was kommt."

Seite 19: Jens sagt: „Dann musst du nach rechts gucken, ob da was kommt. Du musst warten, bis nichts mehr kommt. Dann kannst du gehen."

Seite 20: Tante Else macht es so, wie es Jens und Kati gesagt haben. Sie guckt erst nach links, und dann guckt sie nach rechts.

Seite 21: Als nichts kommt, geht sie los. Sie ist fast drüben, da bleibt sie stehen. Sie kramt in der Handtasche nach dem Geld für das Eis.

Seite 22: Plötzlich kommt ein Auto. Der Autofahrer bremst und hupt und schimpft. Jens und Kati ziehen Tante Else schnell weiter. „Du darfst niemals mitten auf der Straße stehen bleiben", sagen sie.

Seite 24: Jens und Kati und Tante Else sitzen in der Sonne und löffeln Eis.

Seite 25: Als sie aufstehen und gehen wollen, drücken auch die alten Schuhe von Tante Else. Jens und Kati wissen, wo es sonst noch Schuhe gibt. Aber Tante Else ist erledigt. Sie will zurück in ihr Haus, wo es schön still ist. Nicht so laut und aufregend wie hier.

Seite 27: Als Tante Else weg geht, sagt Kati zu Jens: „Aufregend ist es nur für Tante Else. Wir kennen uns hier ja aus."

Reihenlogo: Klaus Kögler
Coverillustration: Margret Rettich
Covergestaltung: Constanze Ordnung
Übersetzung: Andrea Stettler
ISBN 3-8112-2160-4

Der Umwelt zuliebe gedruckt auf chlorfrei gebleichtem Papier.